VOITURES ANCIENNES LIVRE DE COLORIAGE

Copyright © 2021 Abstract Art

TOUS LES DROITS SONT RÉSERVÉS

Ce livre appartient à:

PAGE DE TEST DE COULEUR

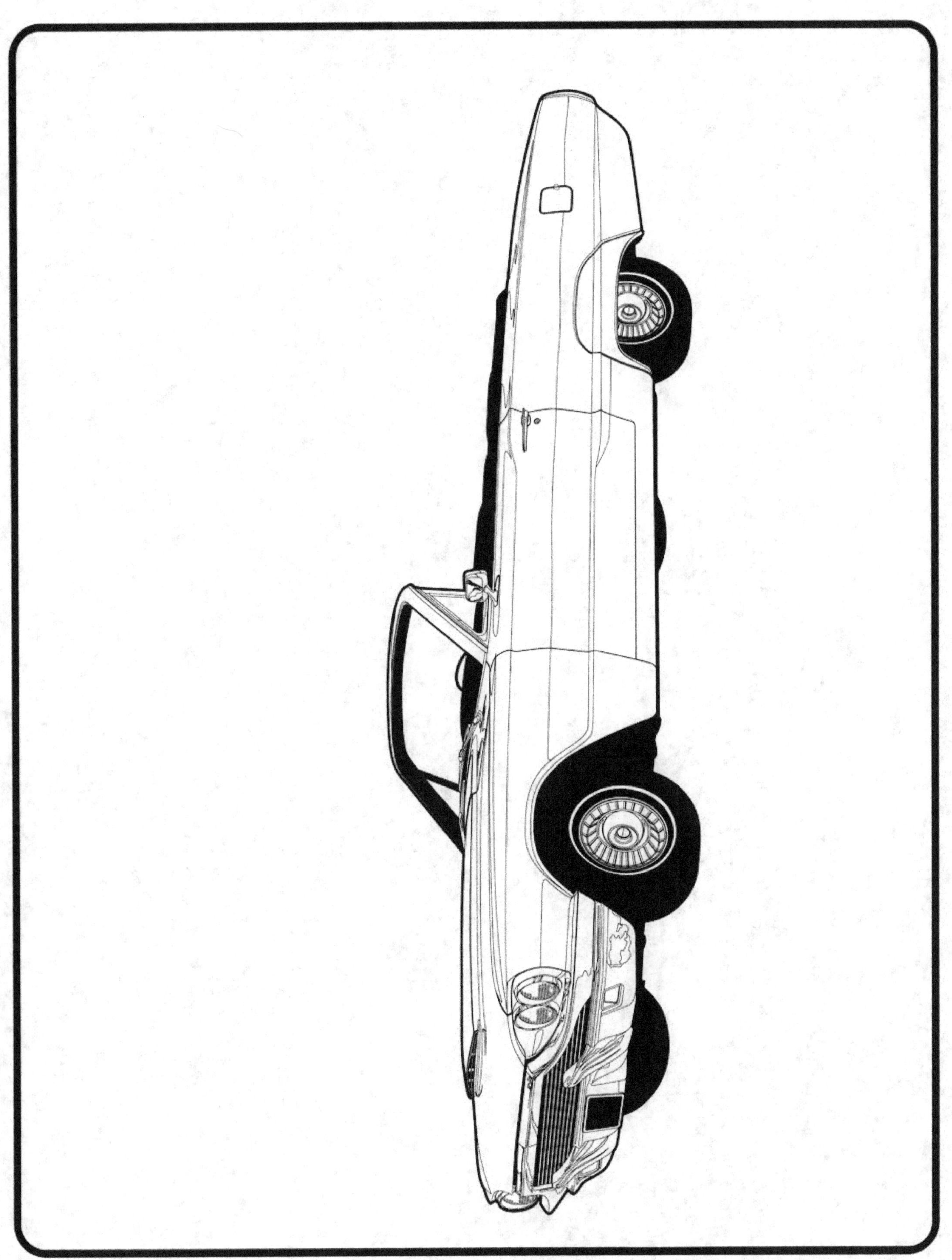

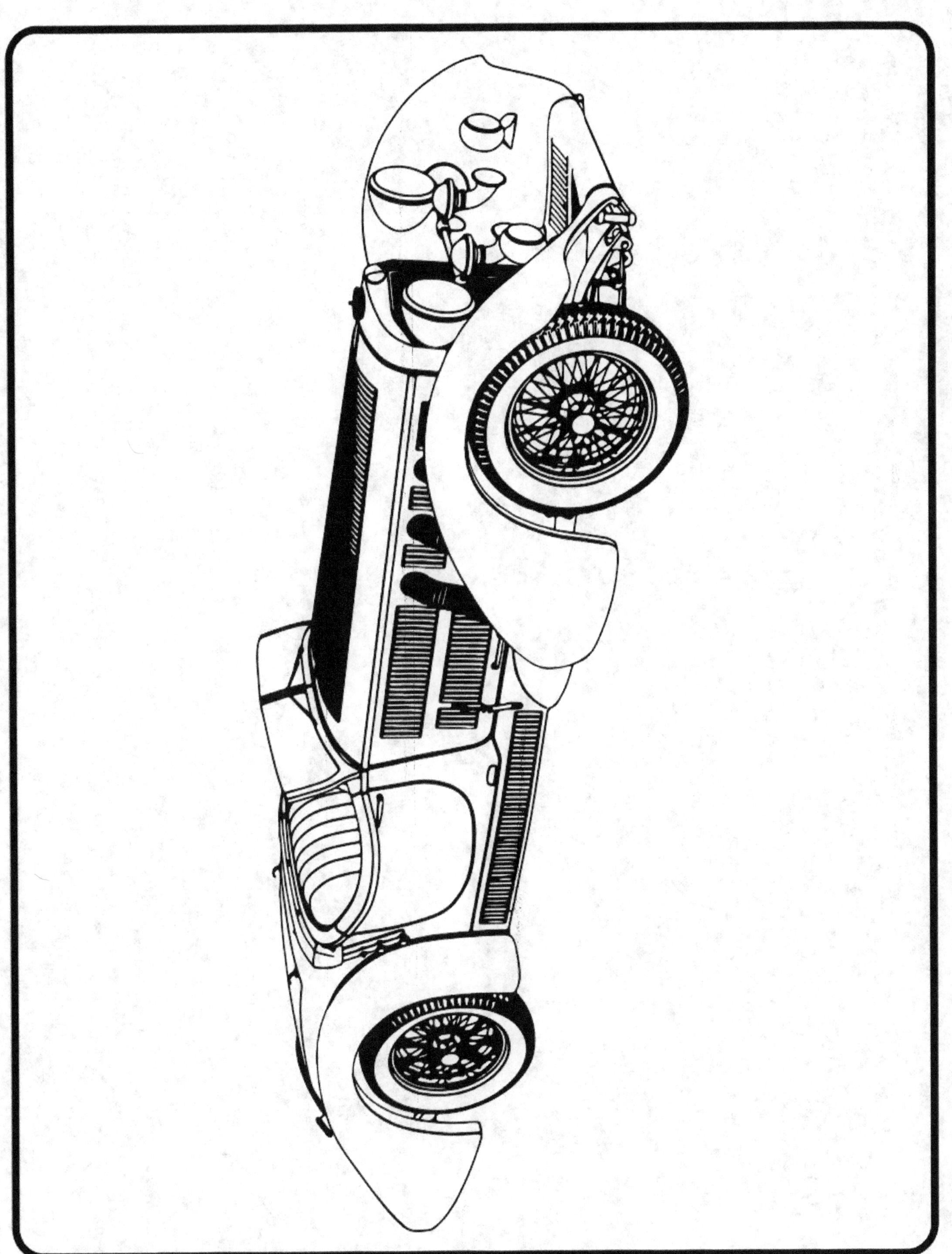

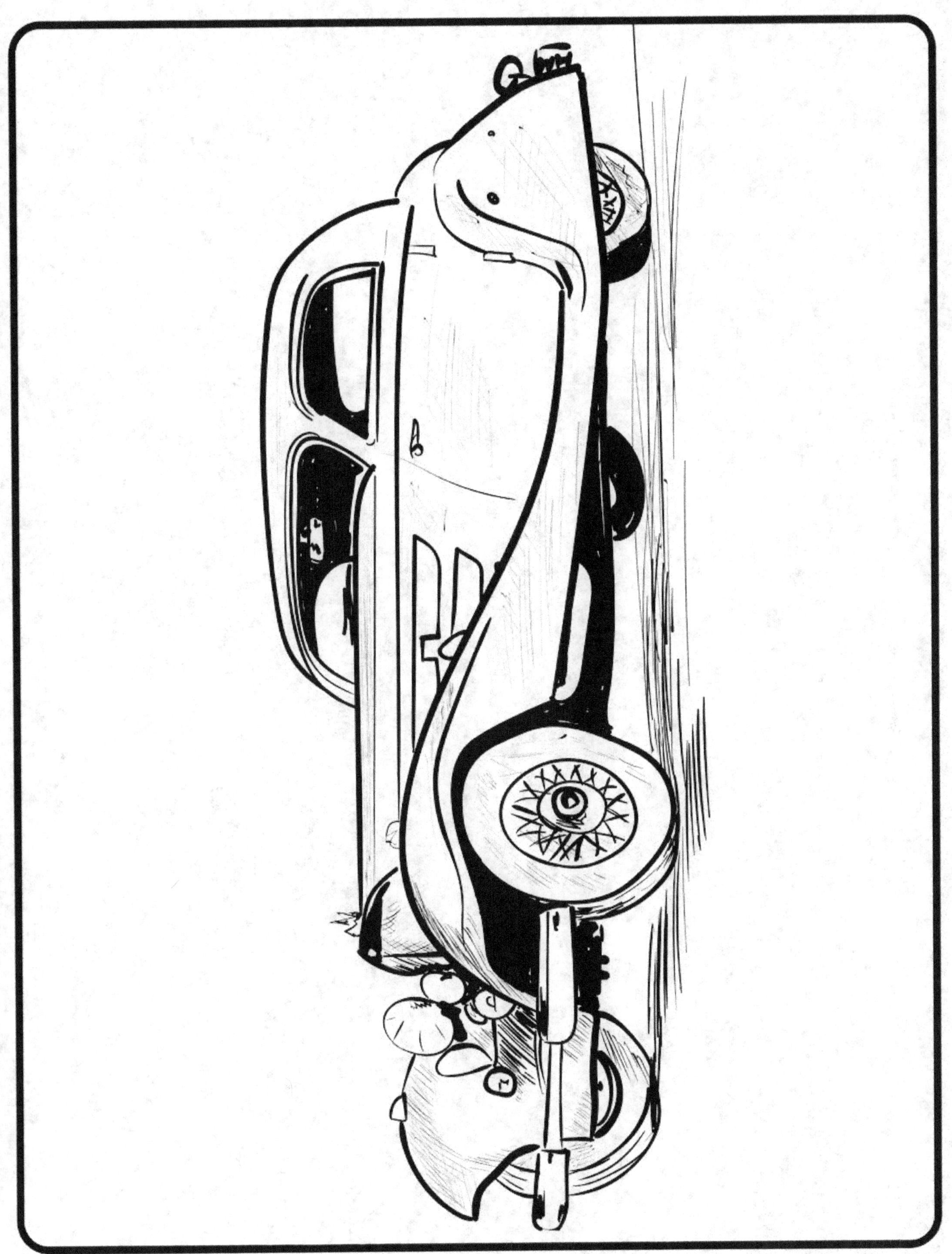

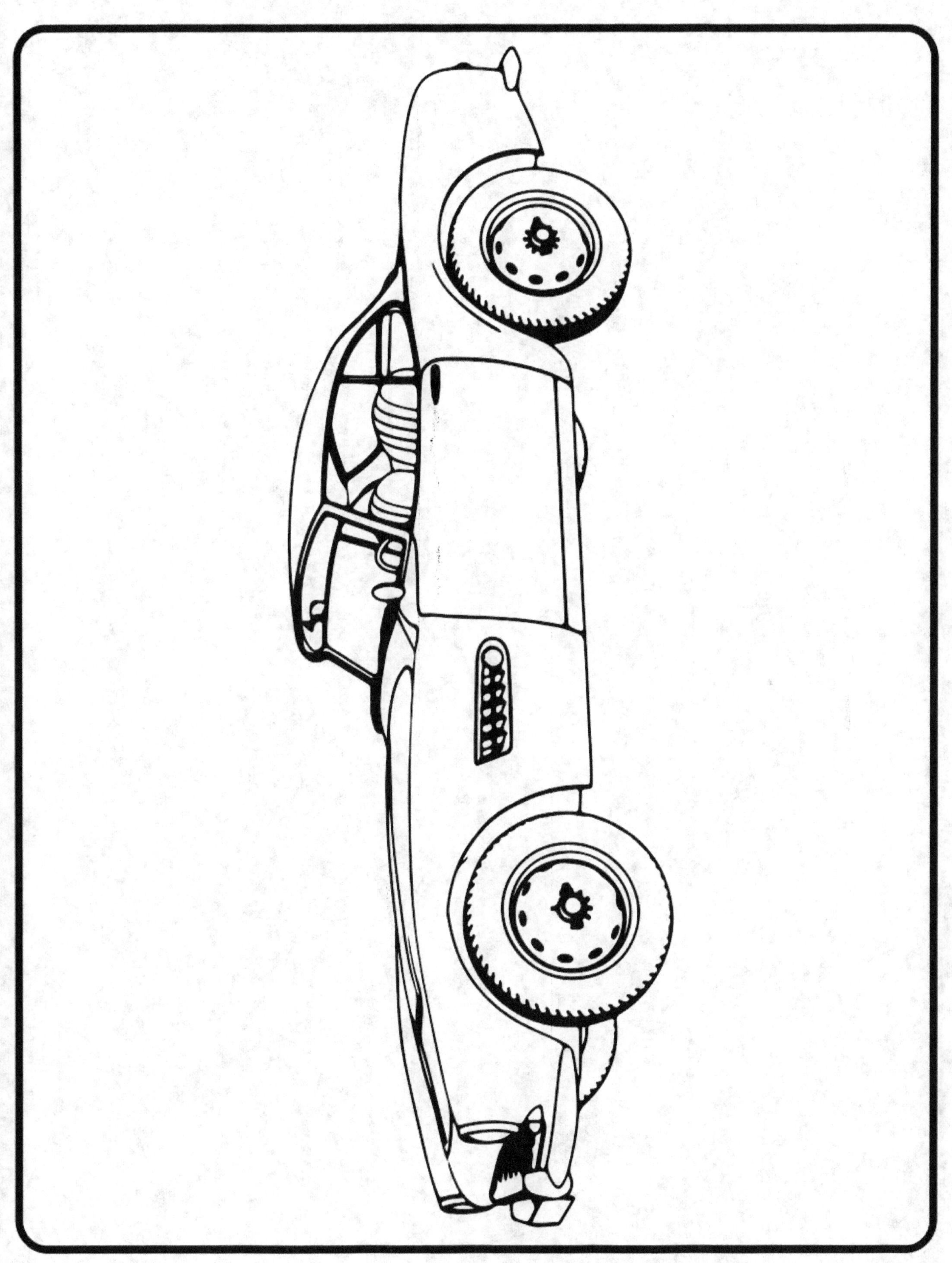

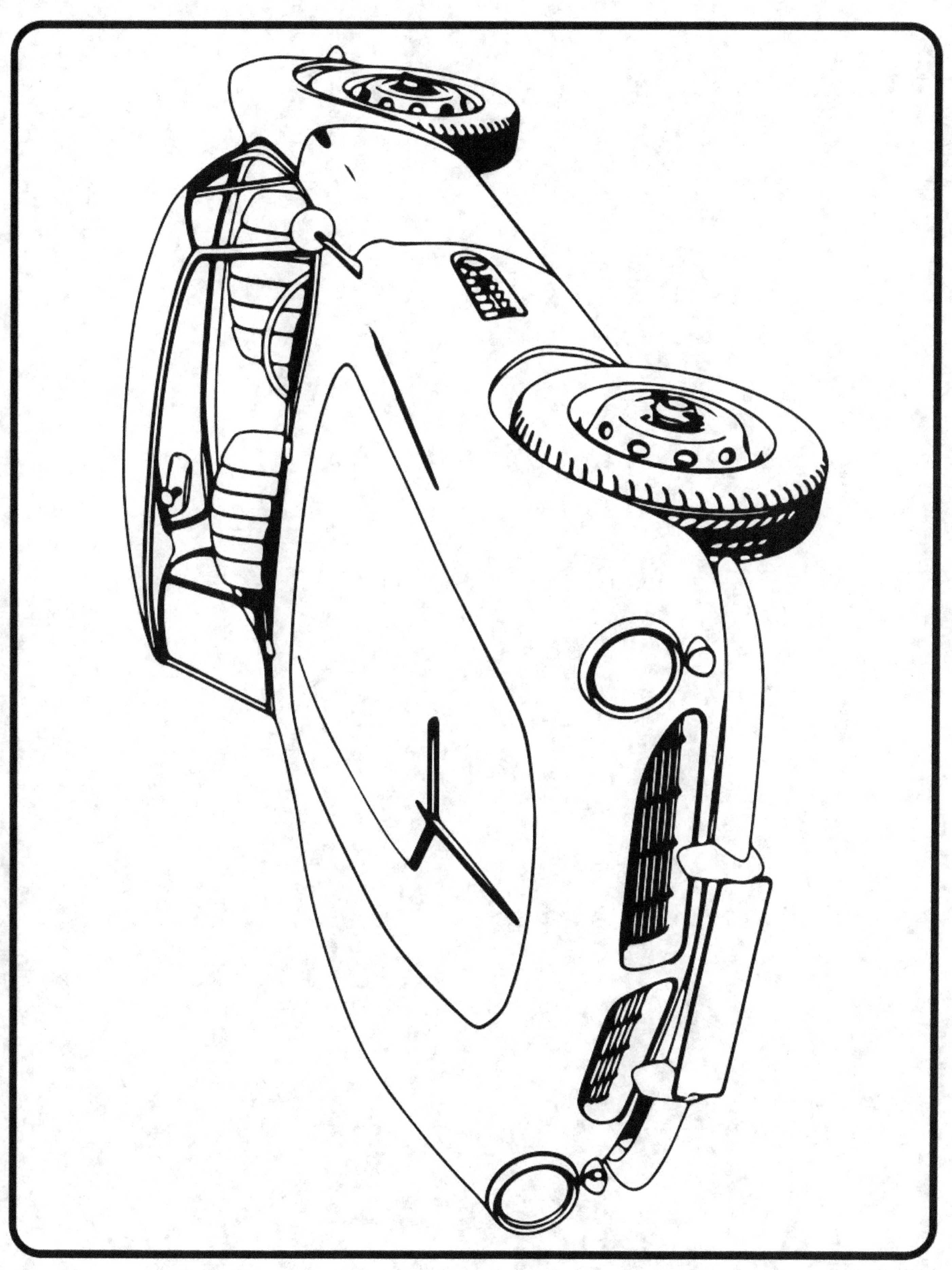

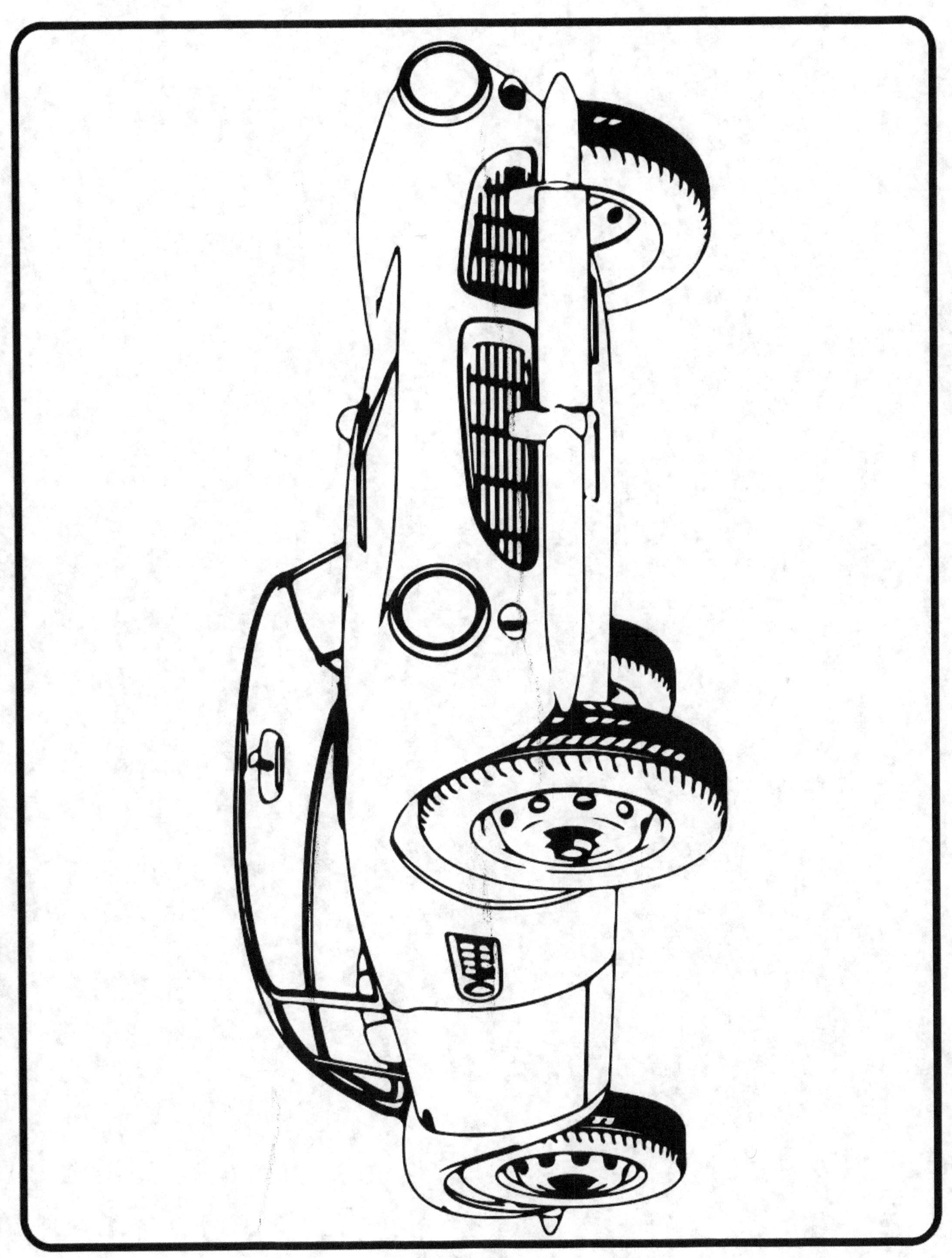

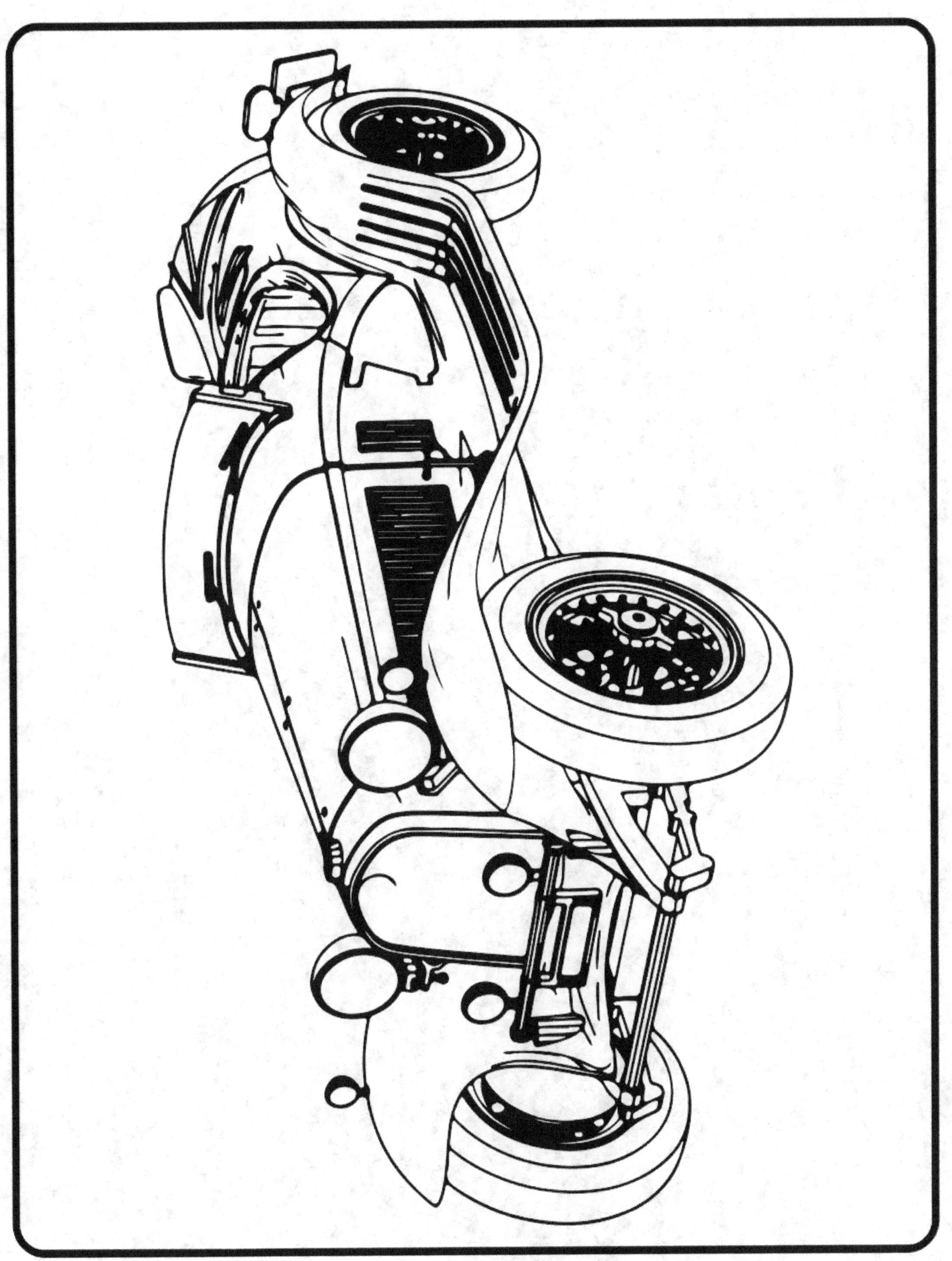

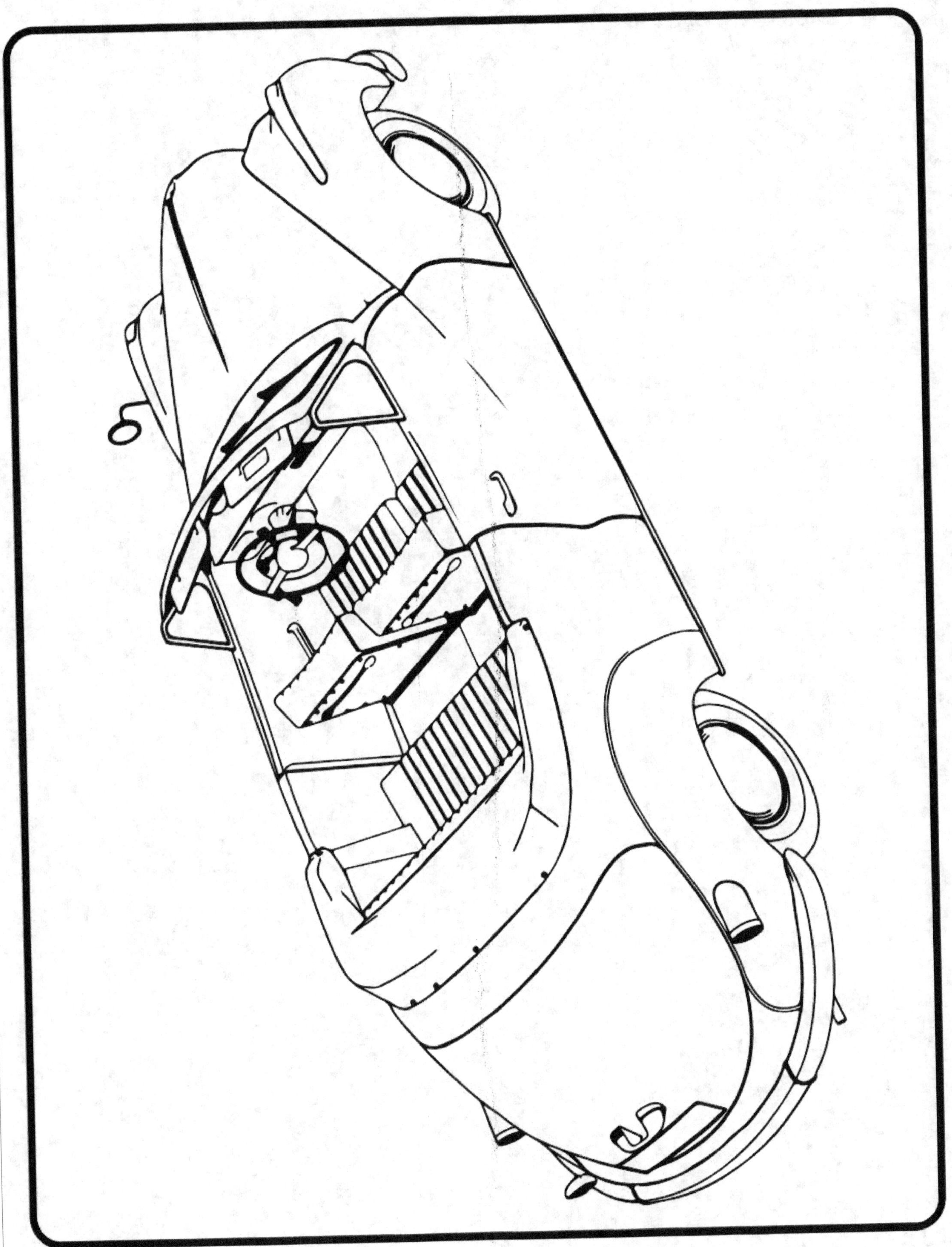

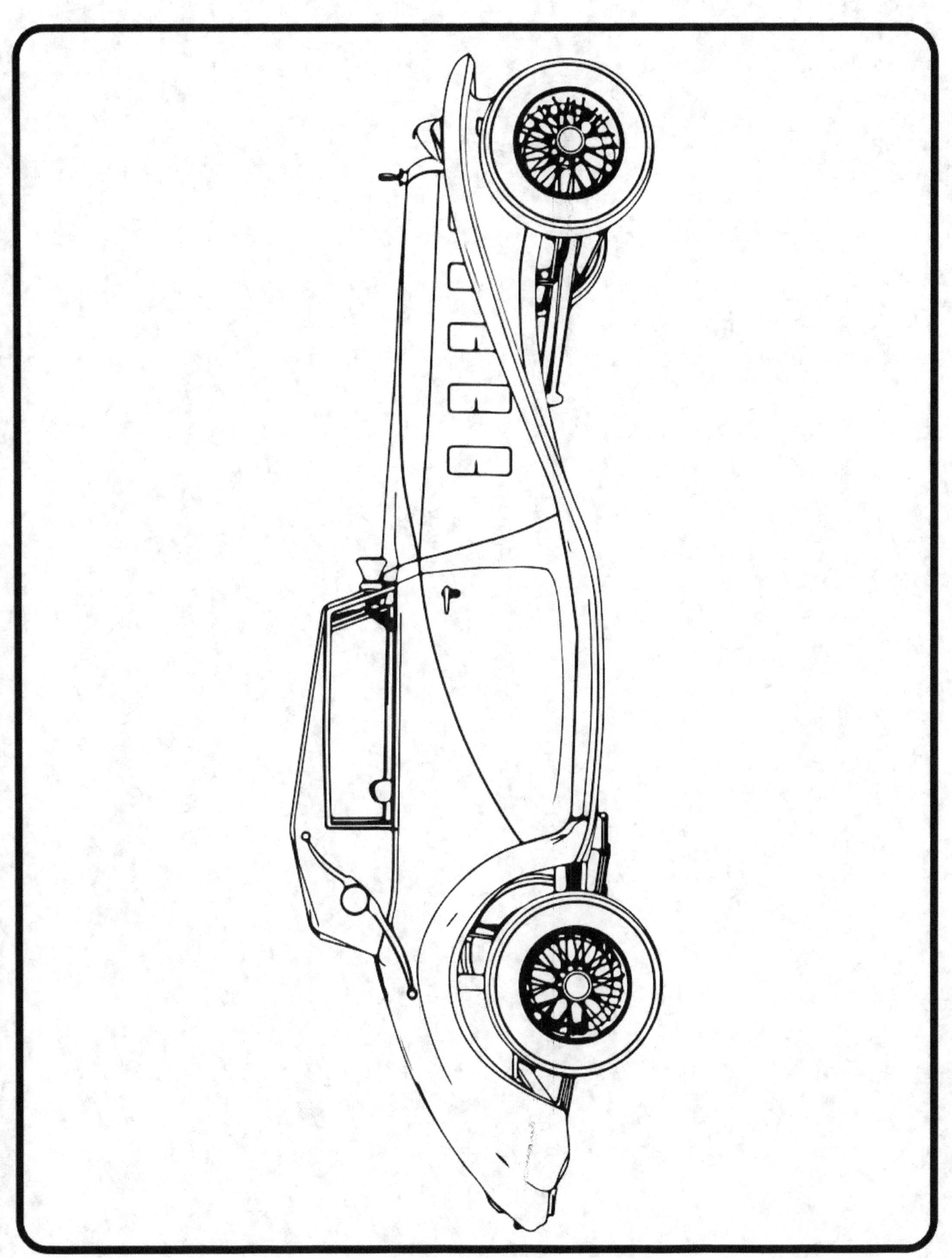

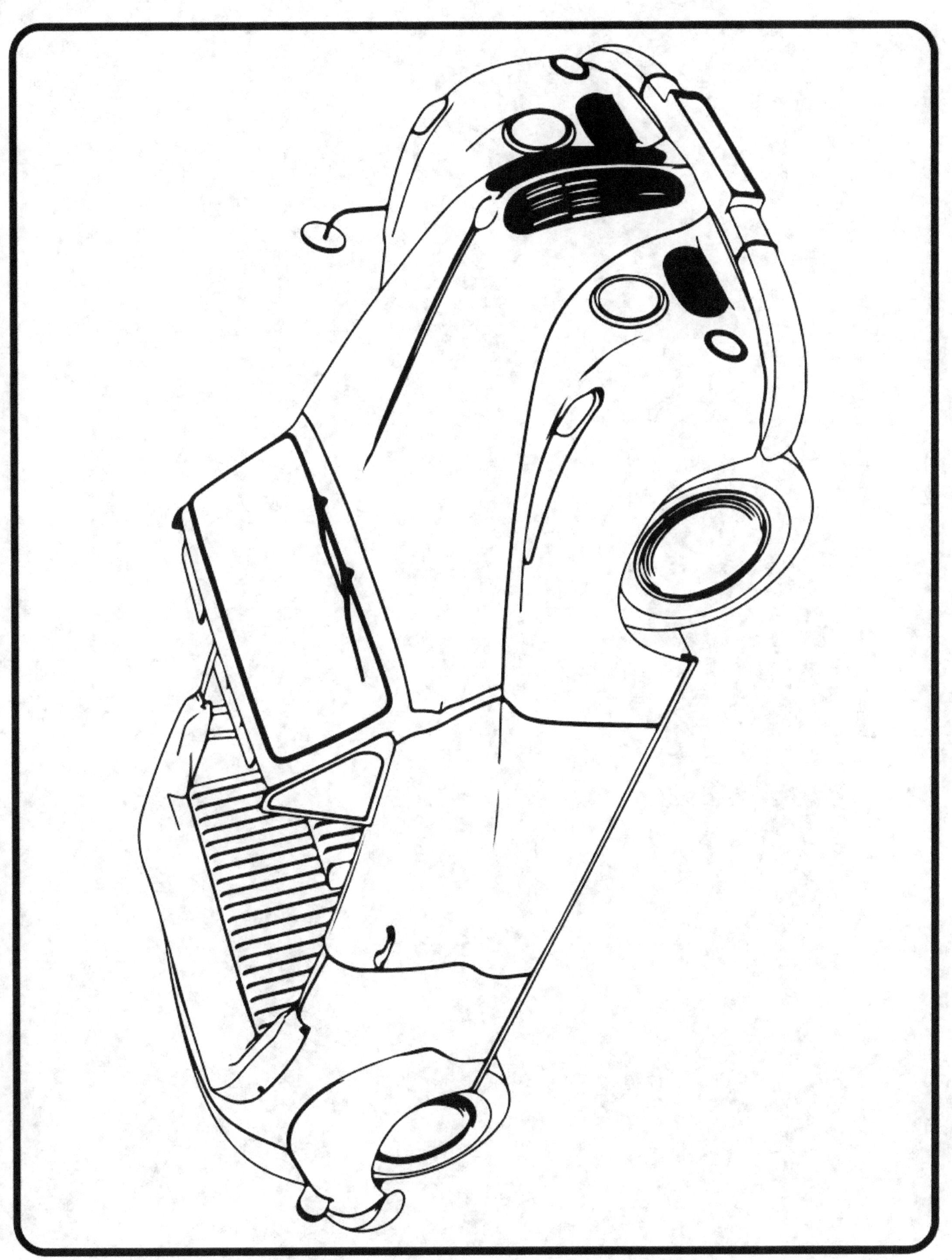

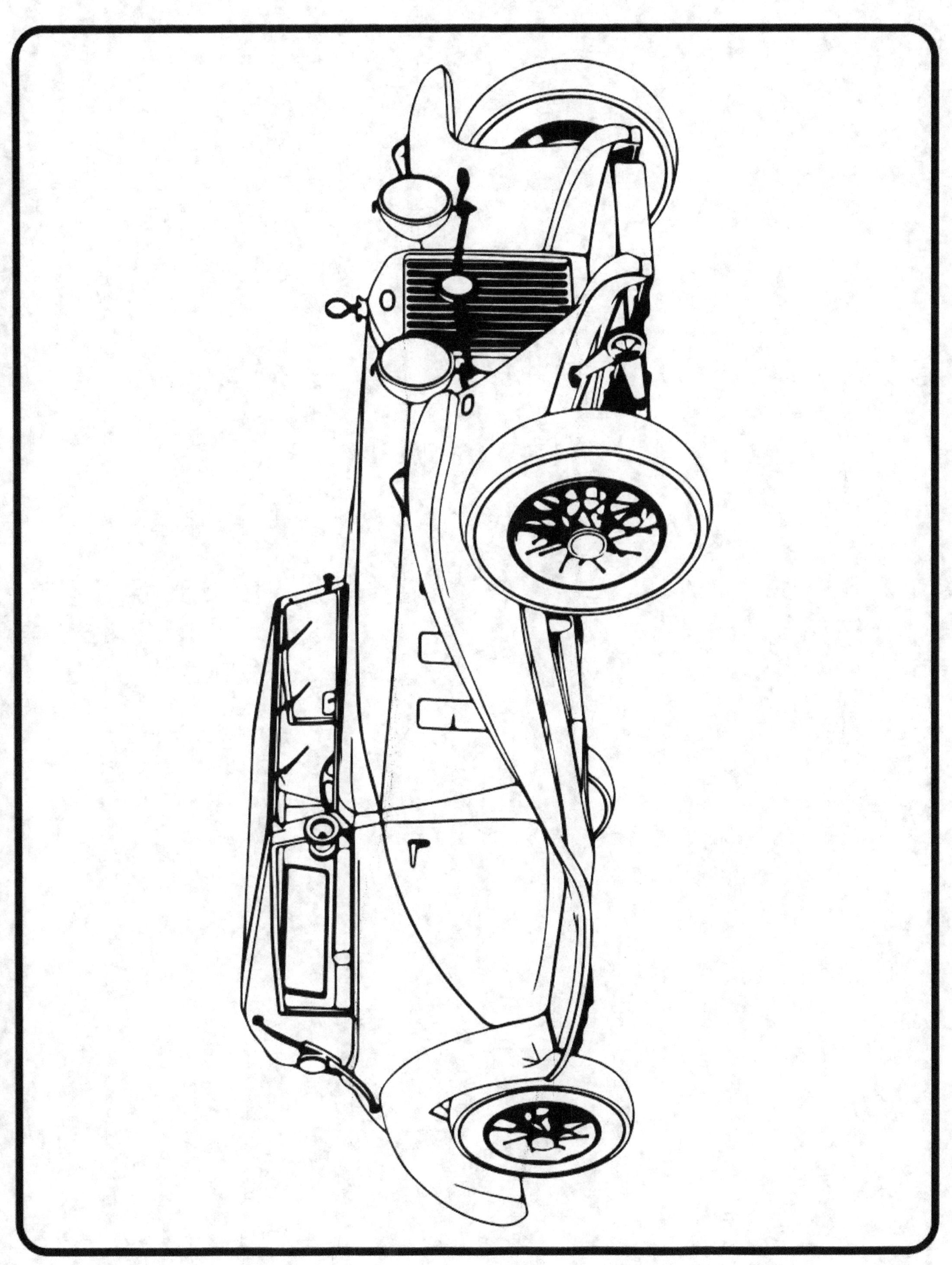

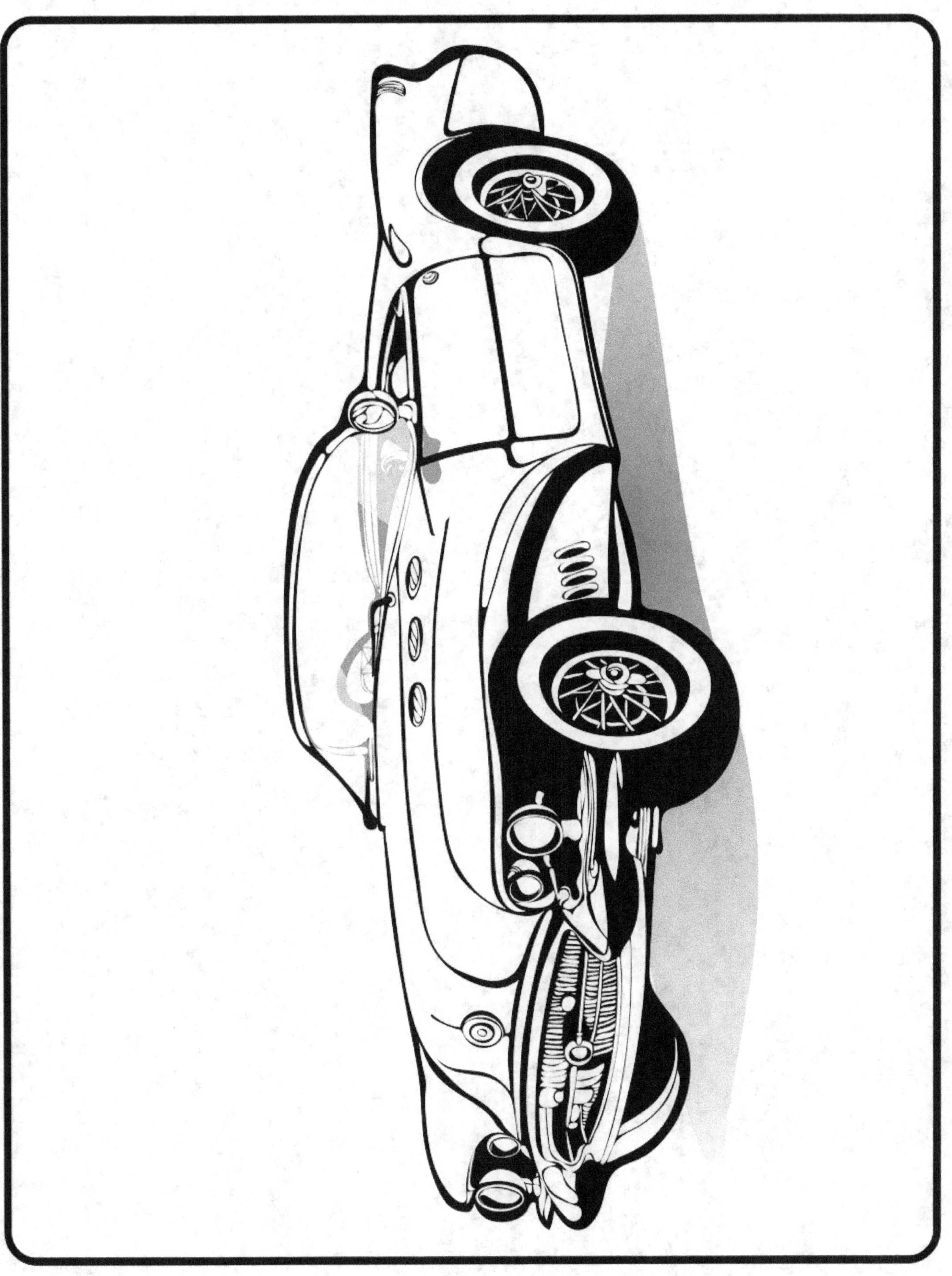

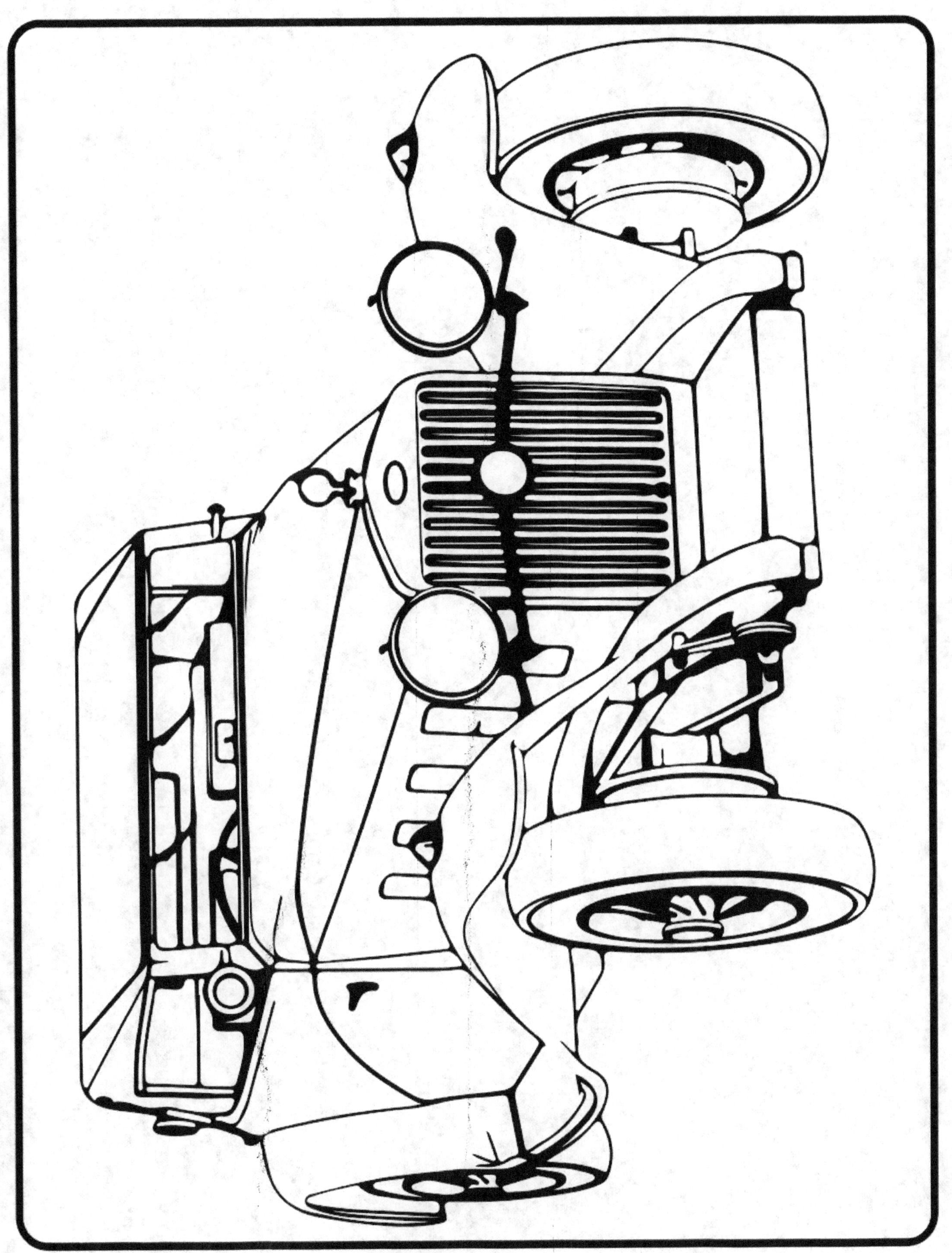

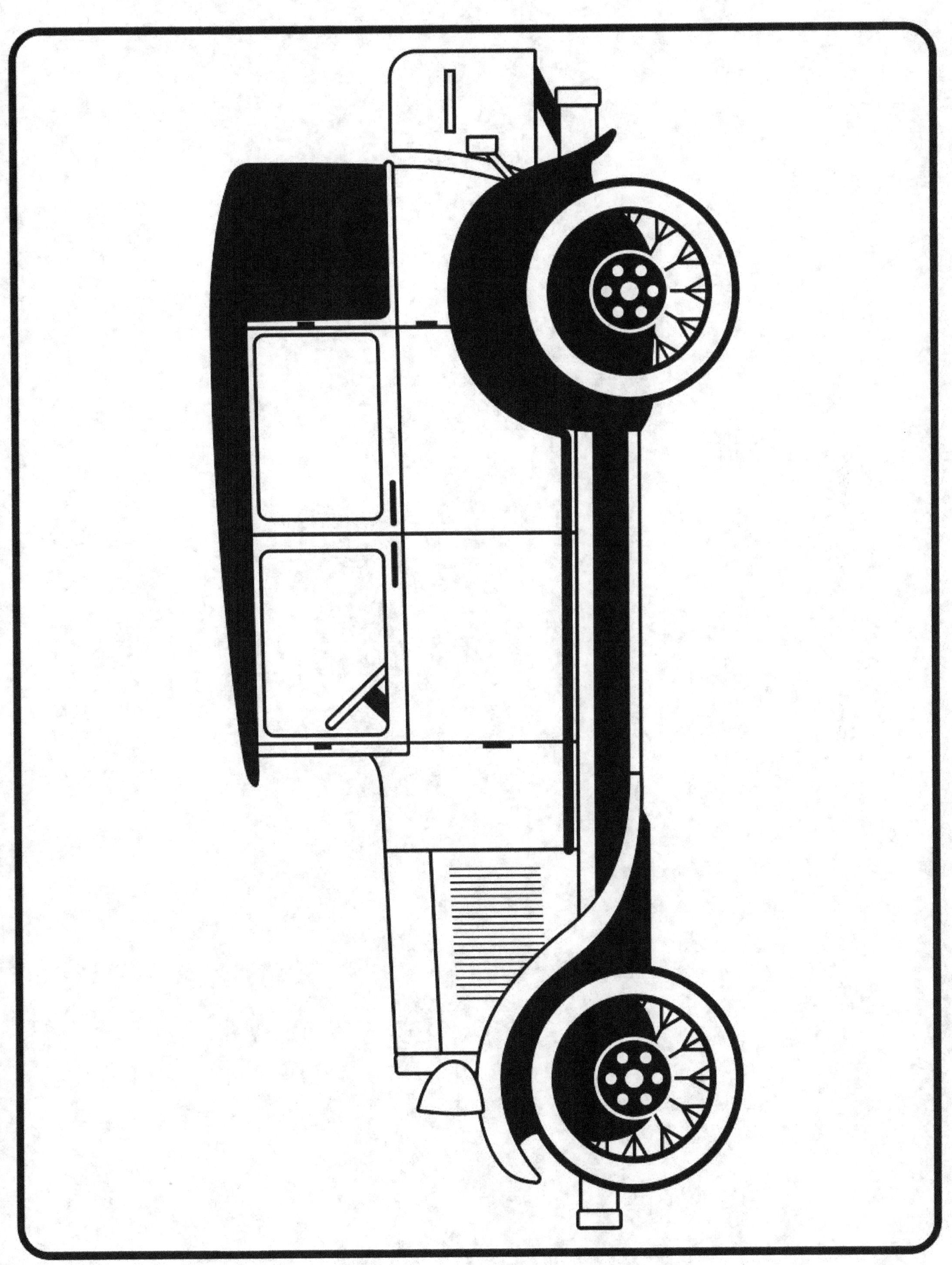

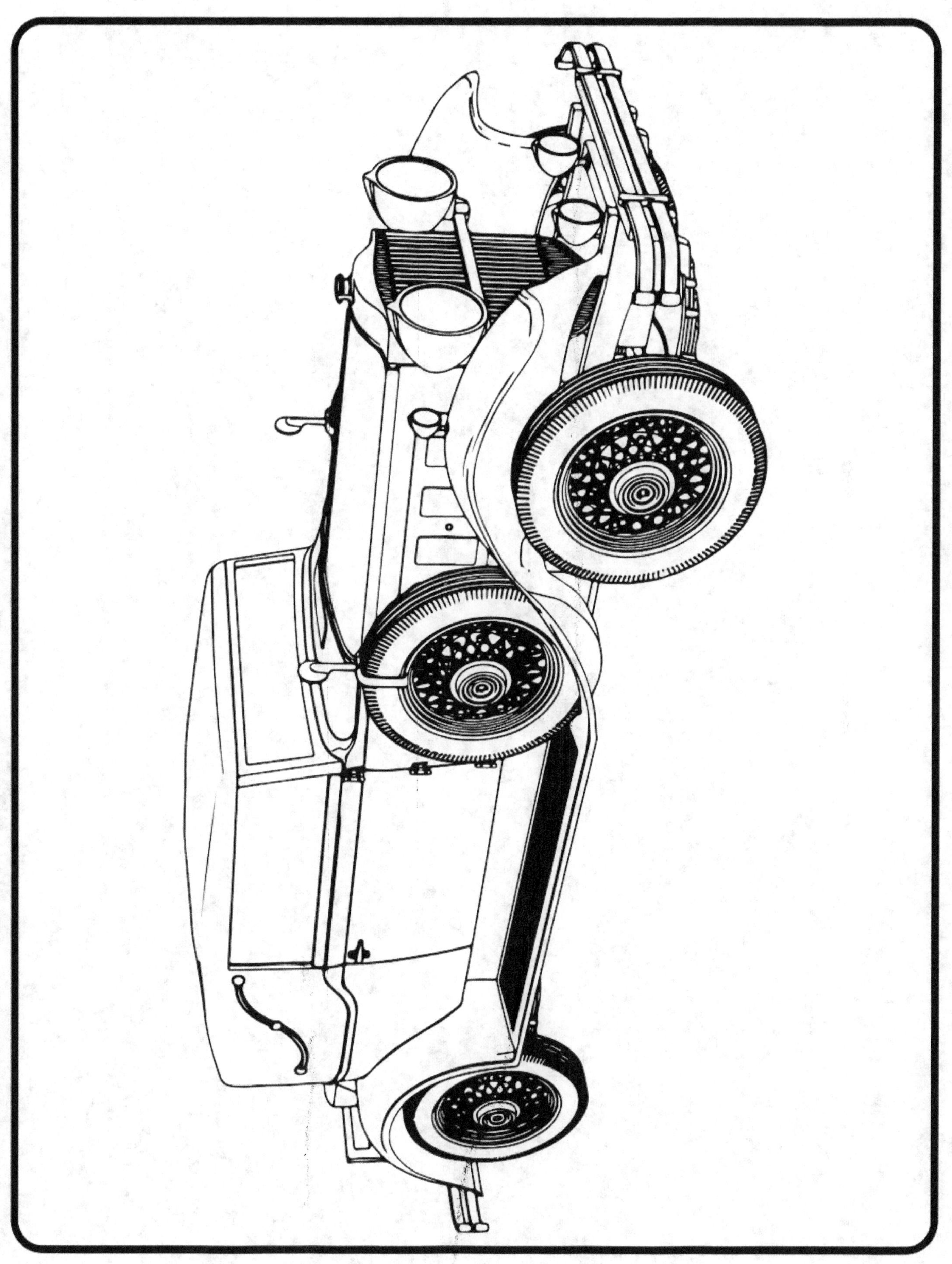

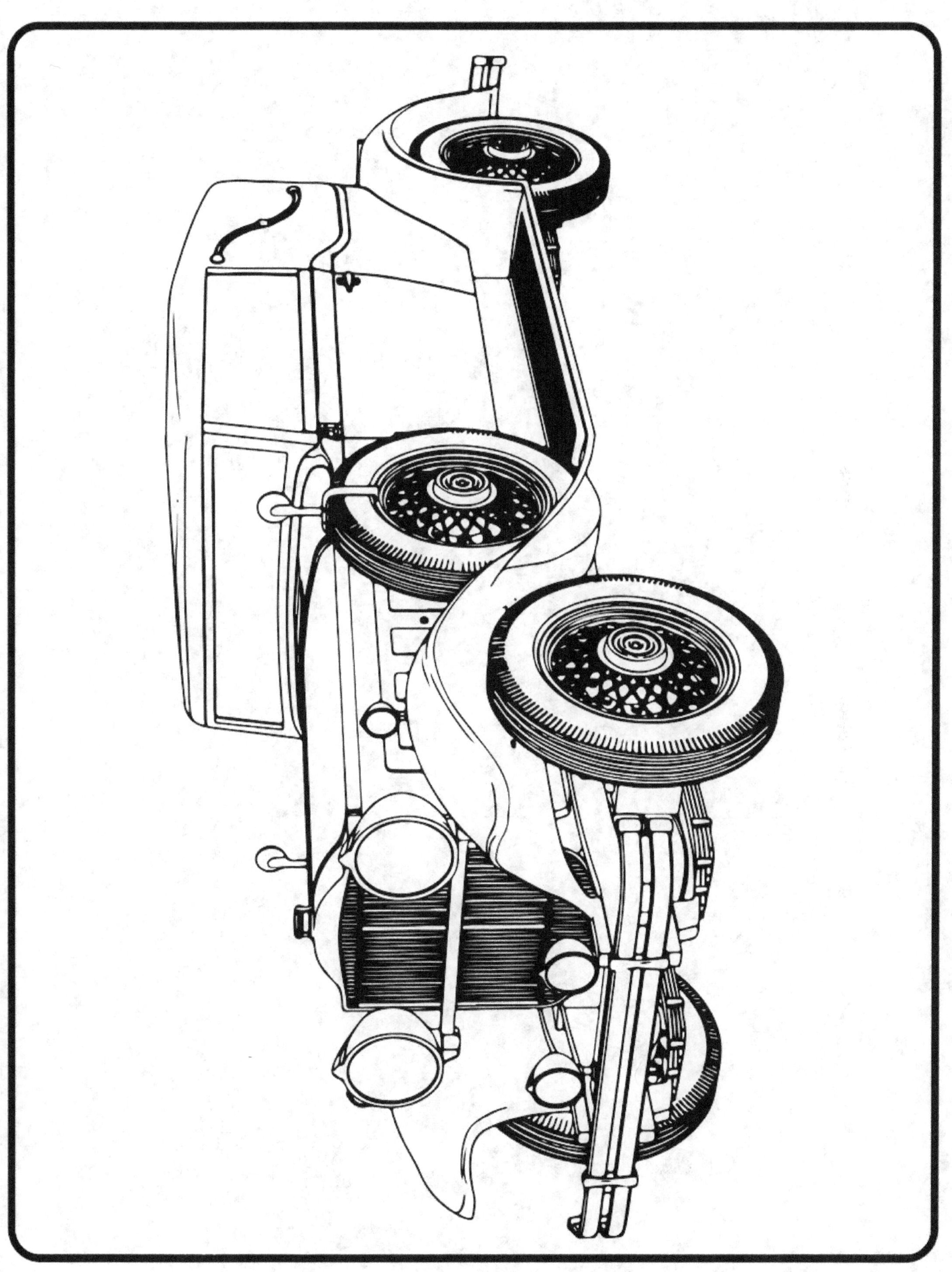

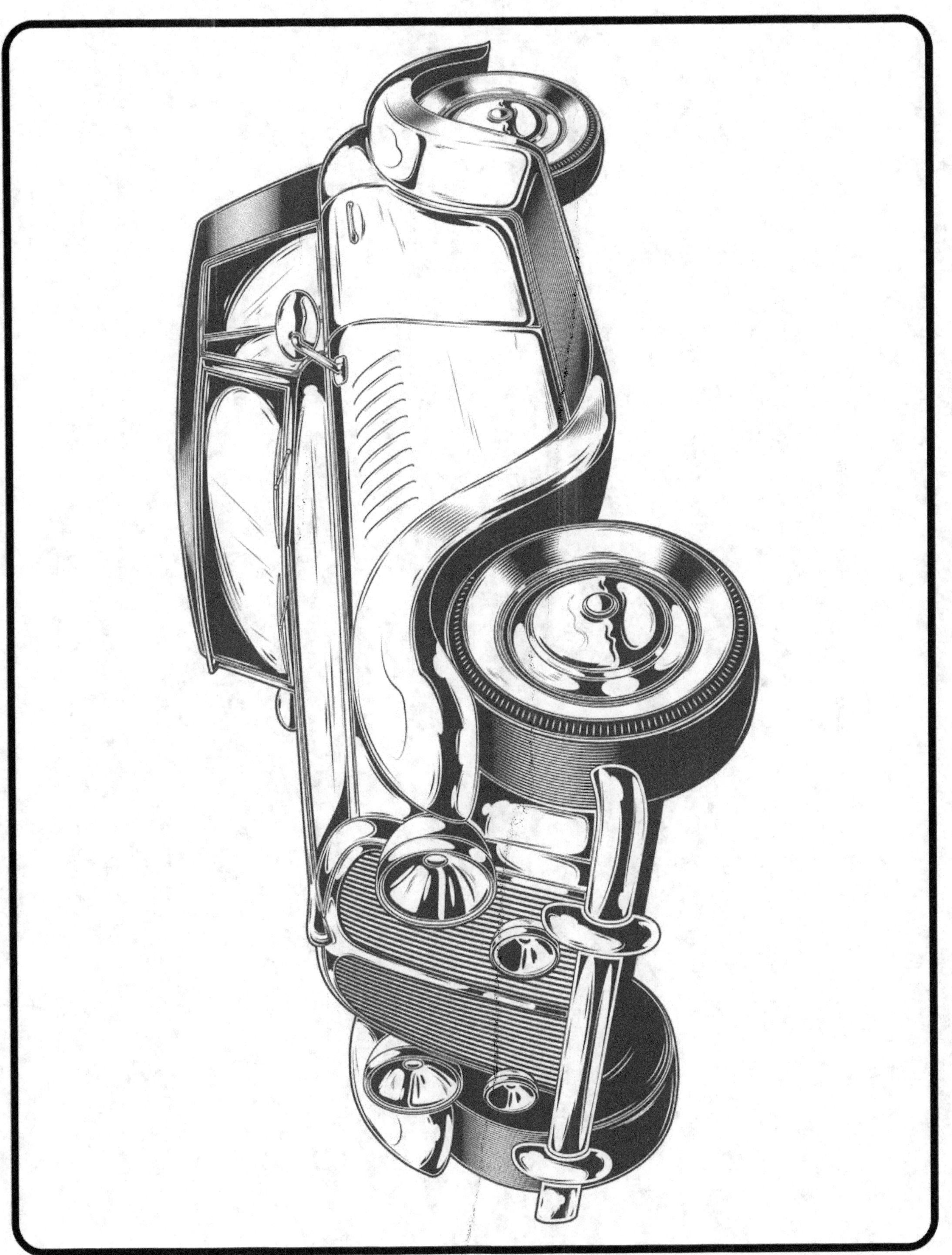

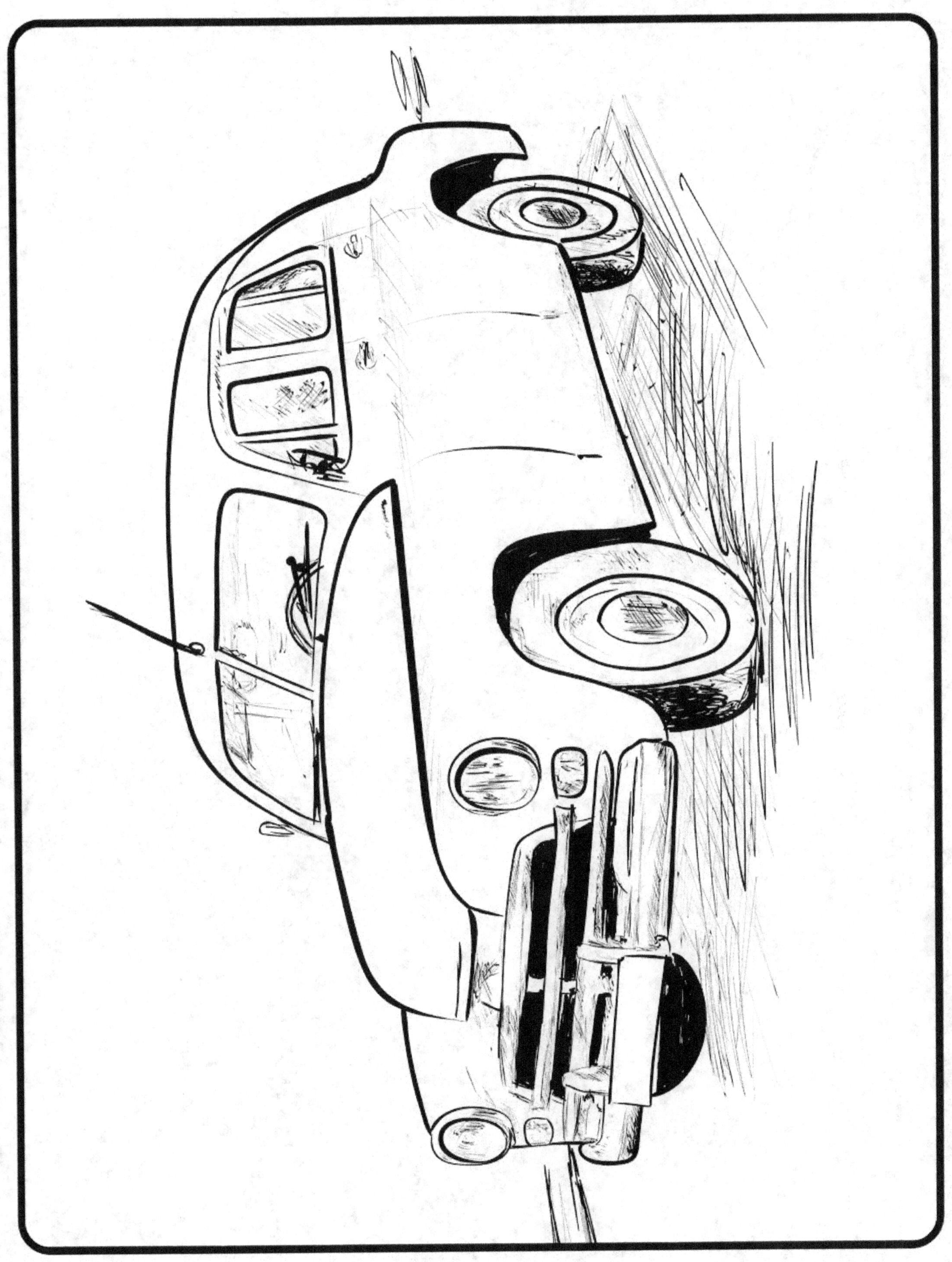

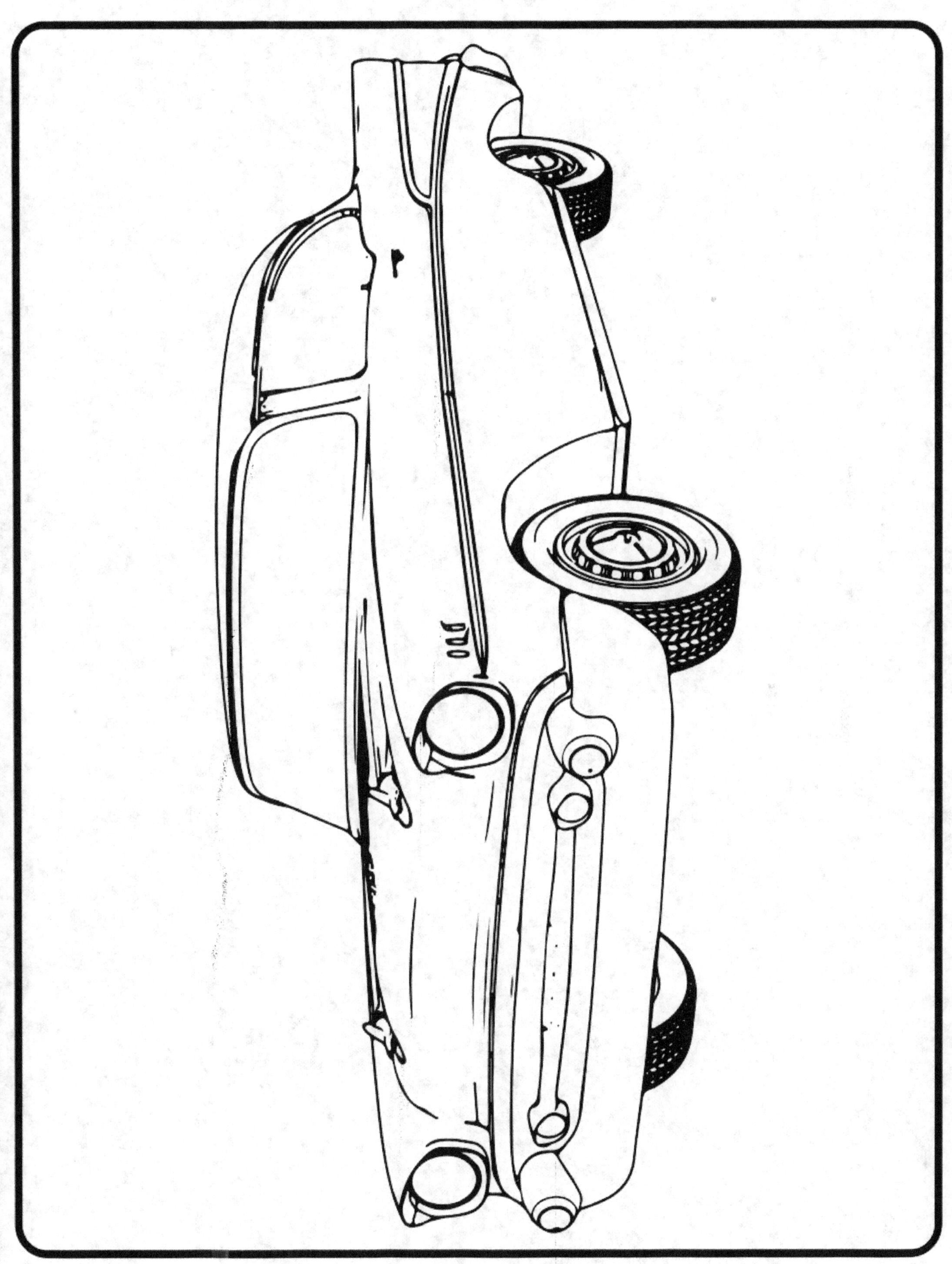

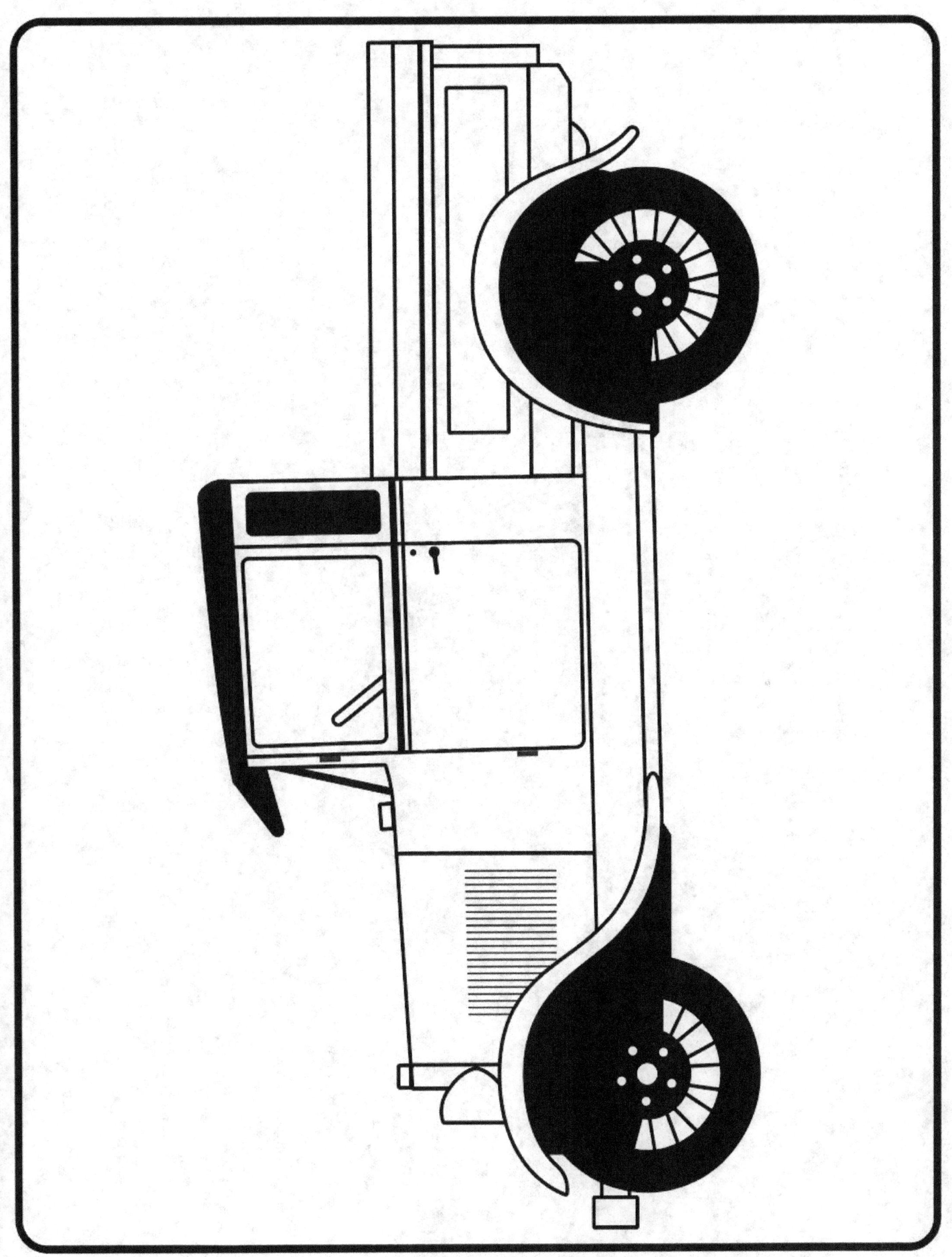

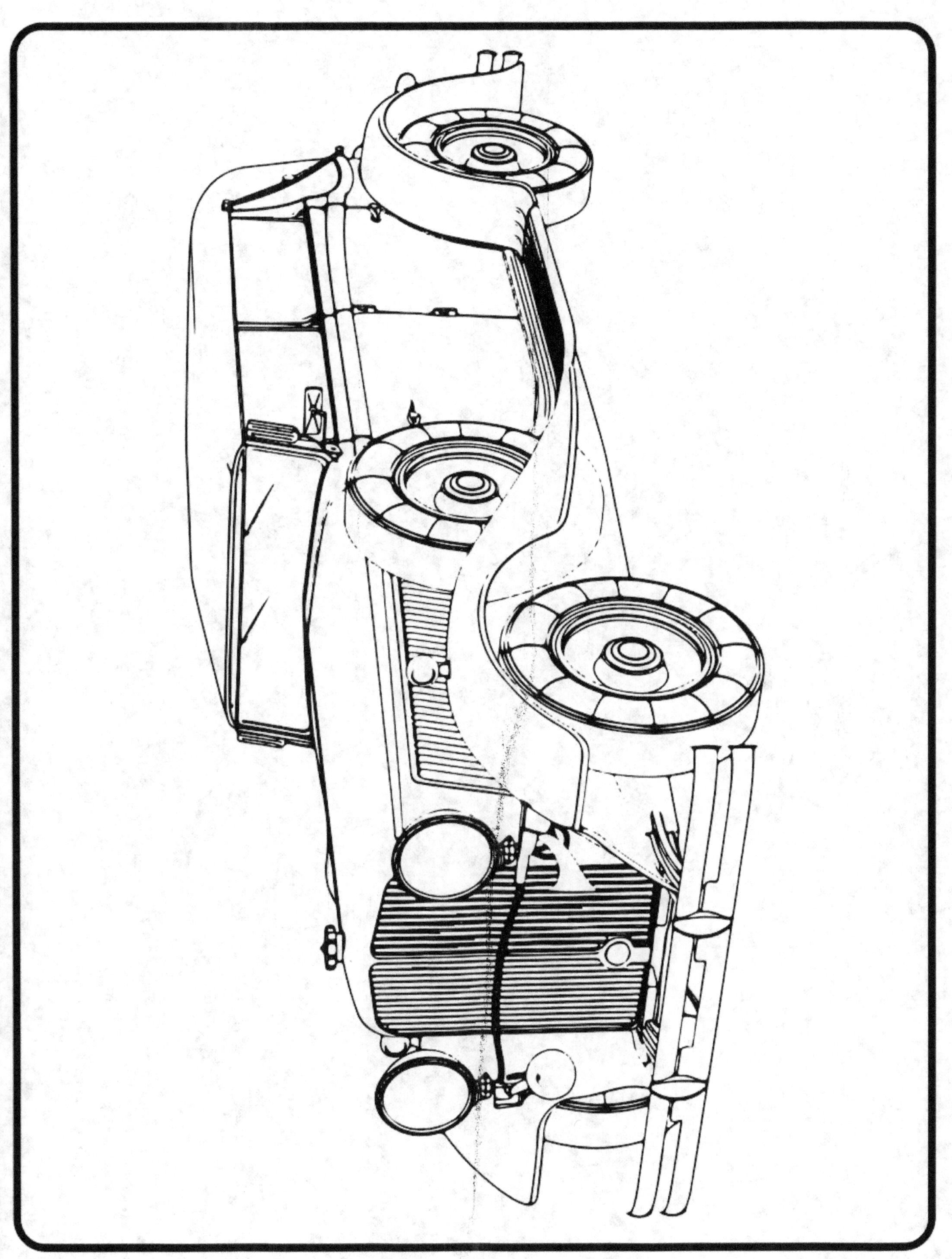

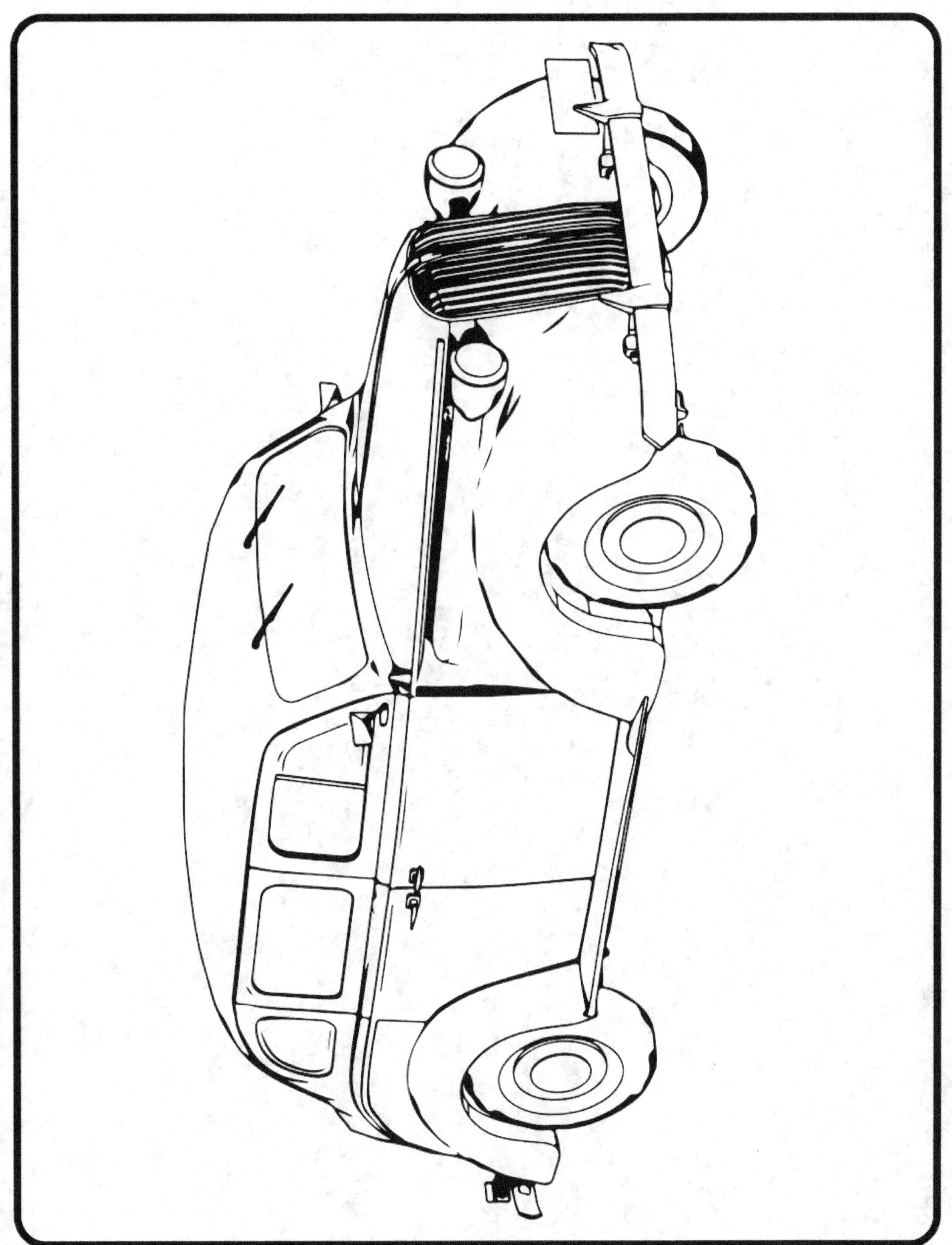

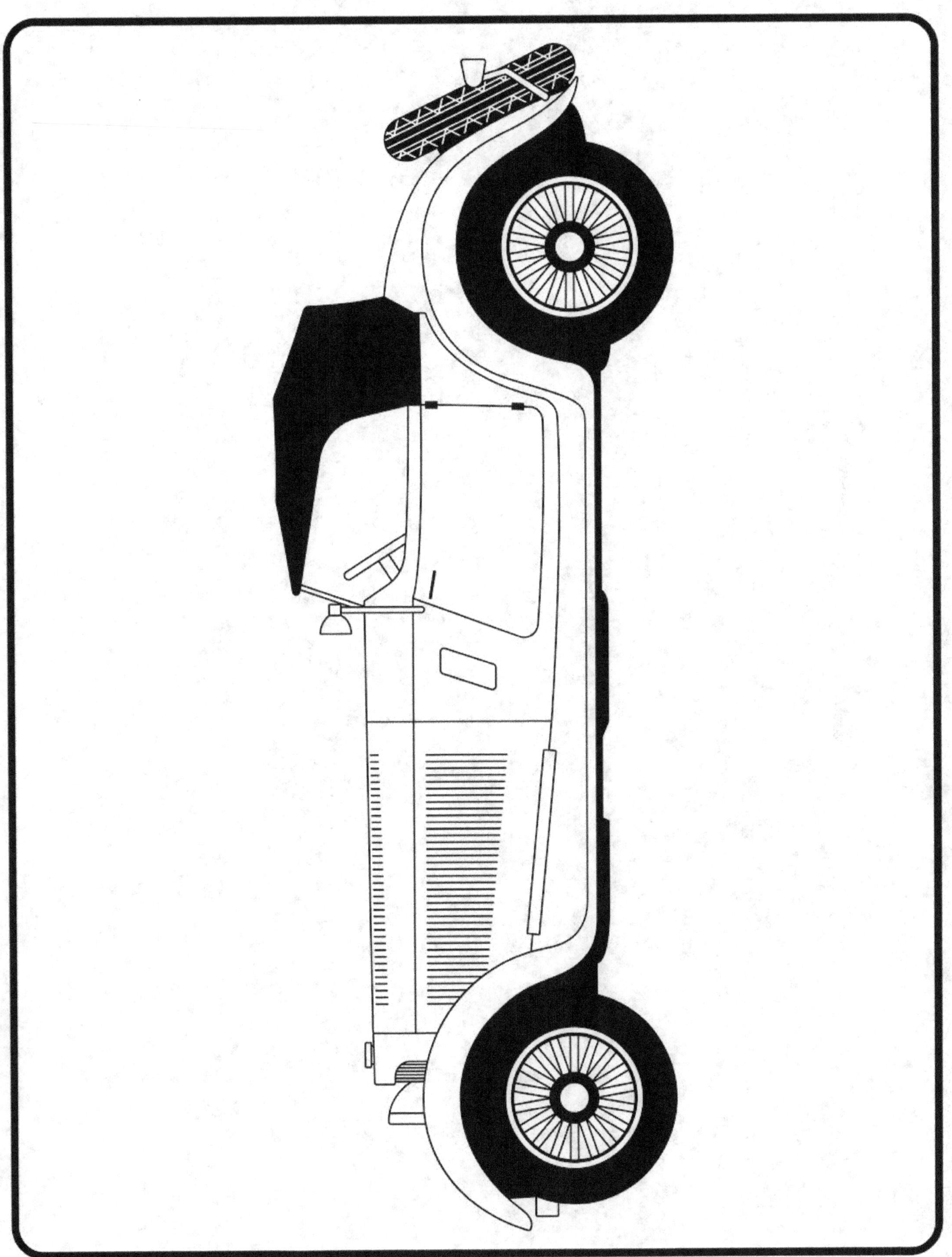

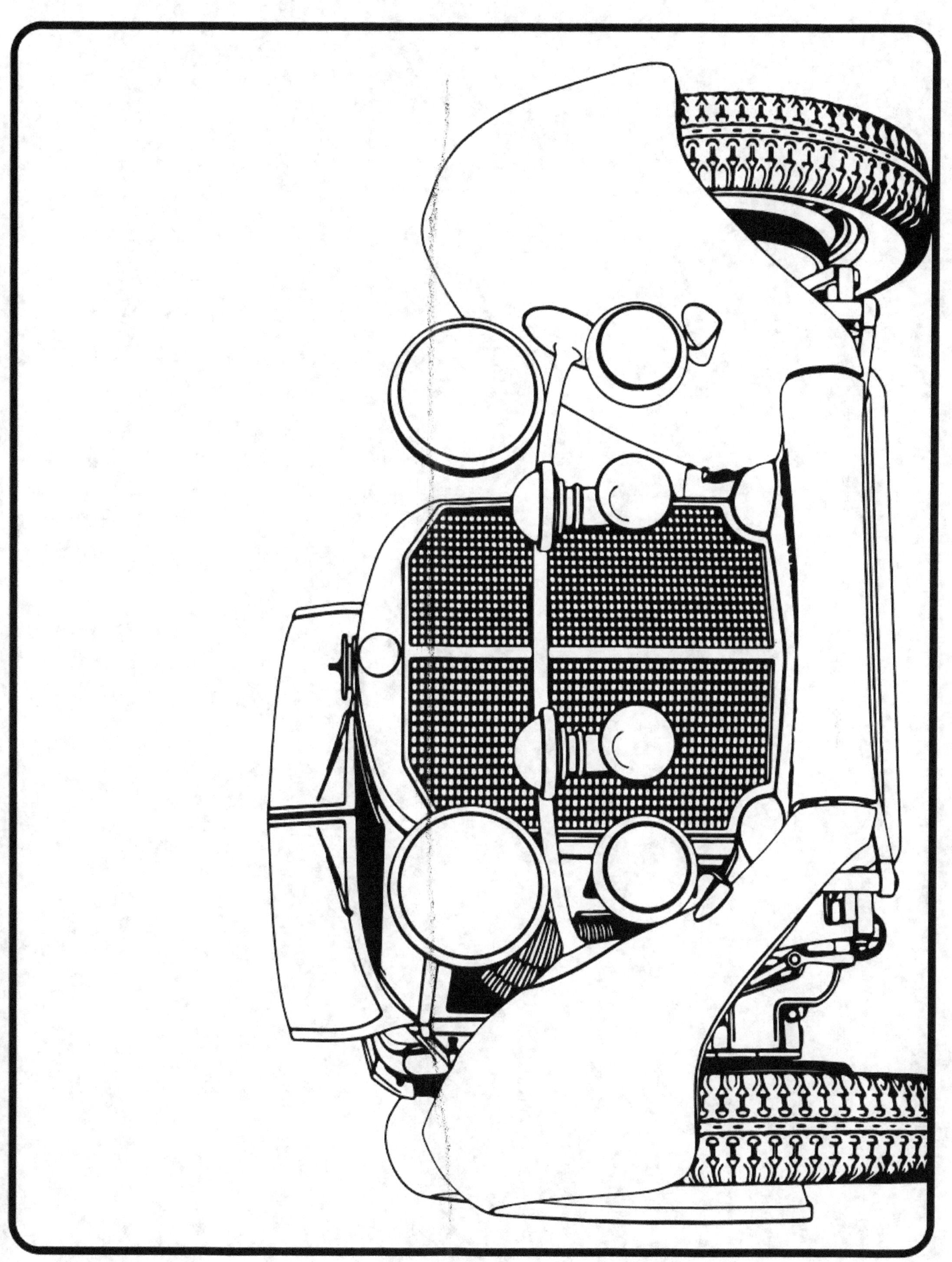

Merci d'avoir acheté ce livre

Si vous aimez le livre, pensez à laisser un commentaire,
cela aidera l'auteur à créer de meilleurs livres à l'avenir.

www.amazon.fr/Abstract-Art